EL VALOR DE EDUARDO

EL VALOR DE EDUARDO

LEANNE STABACK

SHELBY, NC USA

*El amor de un padre y las maneras tranquilas
seguirán guiándonos cuando seamos mayores;
Sus lecciones viven en todo lo que hacemos,
su fuerza se convierte en la nuestra.*

~Leanne Staback

Para Eduardo—

Gracias por tu corazón bondadoso, tu fortaleza, tu presencia constante y las innumerables formas en que me has ayudado a mí y a todos los que te rodean.

En algún momento, tú y tu mujer, María, dejasteis de ser "como" familia y simplemente os convertisteis en mi familia.

Estoy muy orgullosa de la vida que has construido y de todo lo que has logrado a pesar de las dificultades que has afrontado.

Sé que tu padre, aunque se fue demasiado pronto, estaría muy orgulloso de ti.

Con cariño,

Leanne

Pequeño Eduardo
se llamó después
de su padre.

TORTILLERIA
El Taquito
Ellos
vivía en un
Pueblo pequeño
en preciosa
Sinaloa, México.

Eduardo creció en una familia feliz.

Sus padres, hermanas, su hermano pequeño y Eduardo se querían mucho.

Juntos rieron, compartieron
abrazos y crearon recuerdos
hermosos. En esa casa, Eduardo
y sus hermanos aprendieron
cómo era el amor.

Papá trabajó muy duro
todos los días.

Las hermanas de Eduardo, Karen
y Nathaly, ayudaba a su madre,
Eva, a cocinar y limpiar.

Eduardo siguió a Pa
en todas partes, y
aprendió todo lo que
pudo.

Cuando su hermano
pequeño, Macoyo, era
lo bastante grande
para andar, él también
los seguía.

Macoyo fingió trabajar como su hermano mayor.

A veces, Macoyo
lloraba porque quería
ayudar.

Eduardo se arrodilló junto a él y dijo: "Está bien. Yo también fui pequeño una vez."

"Cuando papá me enseña algo nuevo, no siempre es fácil. A veces tengo que intentarlo una y otra vez hasta que lo consiga."

"A veces, diez o veinte veces antes de acertar!"

"Pero aprender cosas difíciles es
parte de la vida."

Cuando Eduardo era casi un hombre, su padre le dijo: "Todos tenemos nuestro lugar en la vida."

Entonces, un día, cuando Eduardo tenía dieciocho años, ocurrió algo terrible.

Su padre falleció repentinamente.

Eduardo sentía abrumado.
Ahora era el hombre de la casa, pero aún no estaba preparado para eso.

Siempre que las cosas se ponían difíciles, se frustraba; pero, por la noche, cuando la casa estaba en silencio, Eduardo recordaba las palabras de su padre.

"No te rindas. Mejorará."

A medida que crecía, todo lo que le enseñó el padre de Eduardo le ayudó. Se volvió fuerte y hábil, y la gente confiaba en él para tareas importantes.

Ahora otros jóvenes seguían a
Eduardo como él una vez siguió
a su padre.

Y cada vez que Macoyo tenía dificultades, Eduardo decía: "Inténtalo de nuevo."

A Eduardo le encantaba enseñarle a Macoyo todo lo que su padre le enseñaba y se sentía orgulloso de lo rápido que aprendía su hermano pequeño.

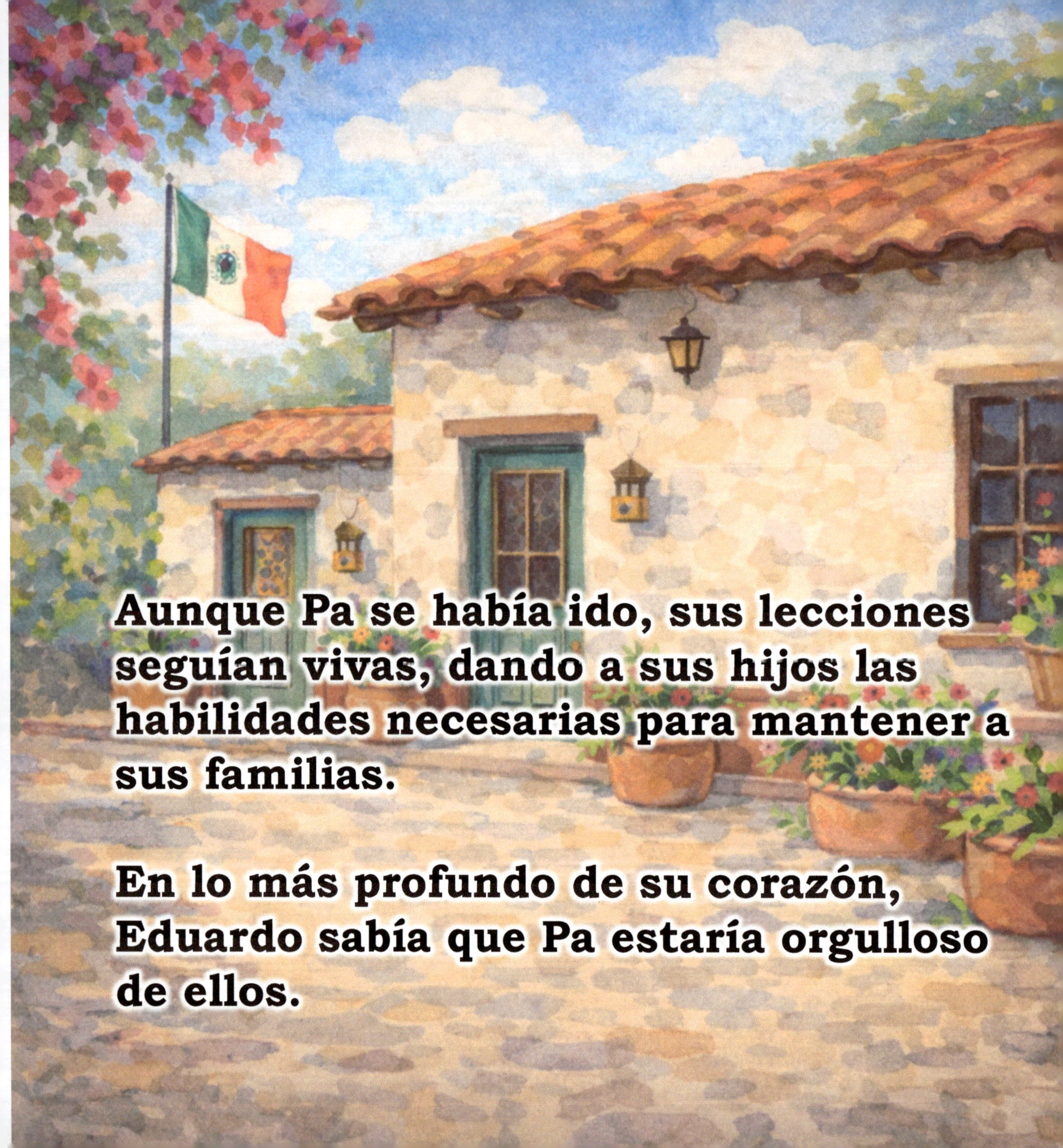

Aunque Pa se había ido, sus lecciones seguían vivas, dando a sus hijos las habilidades necesarias para mantener a sus familias.

En lo más profundo de su corazón, Eduardo sabía que Pa estaría orgulloso de ellos.

10

El fin.

Sobre el autor

Leanne Staback

Leanne Staback es profesora jubilada, reverenda no denominacional y apasionada narradora. Con un amor de toda la vida por la literatura y la educación, ha dedicado su carrera a inspirar mentes jóvenes mediante una narrativa atractiva. Leanne ha escrito más de 20 libros infantiles y tres novelas juveniles, tejiendo narrativas cautivadoras que entretienen, educan y despiertan la imaginación.

Su experiencia docente le ofrece una perspectiva única sobre cómo crear historias que conecten con los lectores, combinando creatividad con lecciones de vida significativas. Leanne sigue defendiendo la alfabetización y la narración, mentorizando a autores emergentes y aportando nuevas voces al mundo literario.

Cuando no está escribiendo, disfruta explorando nuevas ideas, pasando tiempo con la familia y fomentando el amor por la lectura en la próxima generación. La misión de Leanne es convertir páginas en aventuras y sueños en historias.

Otros libros infantiles de Leanne Staback

Alex and Pepper's Trail to Calm

Around the World with St. Nicholas and Friends

Baby, Let's Talk! Developing Baby's First 100 Words Series

Christopher and the Bouncing Beagle

Jaziel is a Big Brother

Joe the Big Foot and the Big Ice Cream Caper

Kent and Leanne's Backyard Magic Show

Little Nurse Lauretta

Marc the Viking and the Wily Wolf

Maria and the Magic of Guanajuato

Marshall Picklebro – The Pickleball Dream

Micah's Magical Jungle

Shawn and the Lion's Roar Storybook

Sloane the Smiling Sloth

Sloane the Smiling Sloth Storybook

Steven the Sea Turtle's Big Adventure Storybook

The Brave Little Dreamer